LA VOZ HUMILDE EN EL BRILLO DEL AGUA

Kepa Murua

COLECCIÓN ITES

LA VOZ HUMILDE EN EL BRILLO DEL AGUA

© Kepa Murua
© Dibujos de interior y portada: Anxo Pastor
© Fotografía del autor: Raúl Fijo
© de la corrección ortotipográfica: Míriam Villares
© de esta edición: Olé Libros, 2026

ISBN: 979-13-87951-46-7
Depósito legal: V-159-2026
Impreso en España

KALOSINI, S. L.
Grupo editorial olé libros
equipo@olelibros.com
www.olelibros.com

ESTO ES LA NOSTALGIA

Esto es la nostalgia: vivir en la agitación
y no tener patria en el tiempo.
Y estos son los deseos: callados diálogos
de las horas diarias con la eternidad.

Y esto es la vida. Hasta que de un ayer
surja la hora más solitaria de todas:
la que, sonriendo de otro modo que las demás hermanas,
guarde silencio hacia lo eterno.

RAINER MARIA RILKE

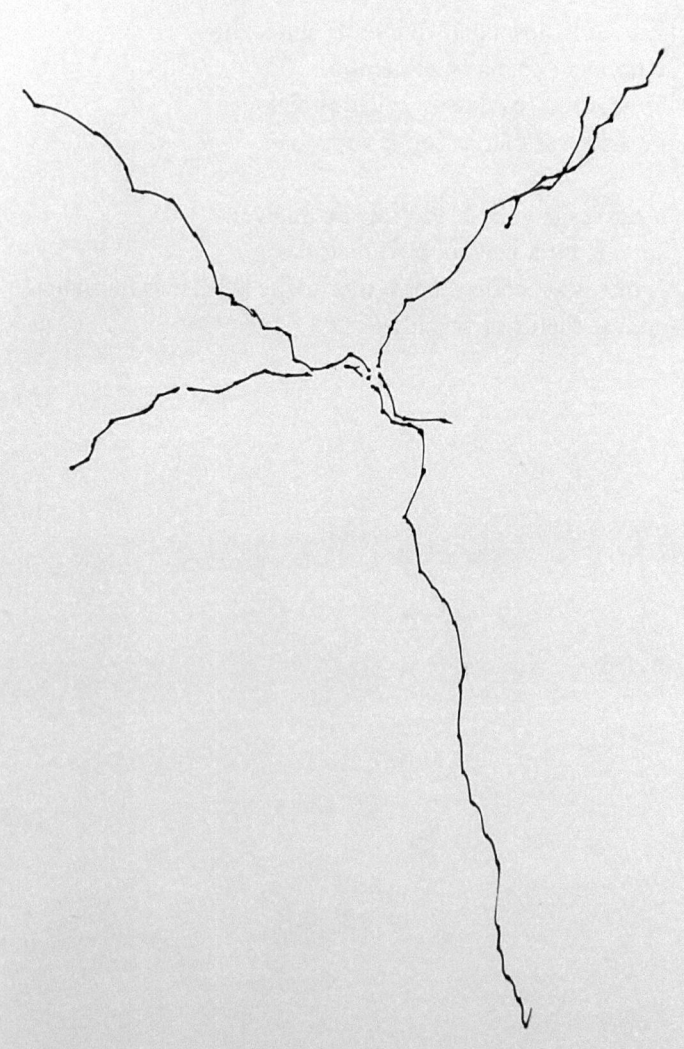

El árbol busca el cielo,
la rama se encorva,
la hoja roza el vacío,
el cuerpo se entrega al amor.

Distinto a lo que se piensa,
revelador, sereno,
para que no se vea,
el alma no se toca.

Ahí, lo que no se confiesa.
Ahí, la verdad que no se dice.
La flor en la rama,
de lo profundo, ahí emerge.

Nadie en su sano juicio
cambiaría esa página del paisaje.
Ni la sombra
o la plenitud que se siente.

Diferente
con cada acometida,
una lágrima se sumerge
en el brillo del agua.

Sᴇɴᴛᴀᴅᴏs ᴅᴇʟᴀɴᴛᴇ ᴅᴇʟ ᴇsᴛᴀɴǫᴜᴇ,
tomo tu mano y te acaricio el cabello,
plateado como el brillo
de un hilo que cose el agua.

Ya no discutimos,
tampoco envejecemos juntos.
En un nido sin árbol,
nuestras ramas se enredan en el sueño.

No se puede ser más libre.
No se puede querer más,
amar lo que queremos,
dejar atrás también lo que amamos.

Dejemos que el tiempo
haga su trabajo: verás
cómo la tristeza de ahora
será mañana aire fresco.

Ya no discutimos.
Tú me escuchas y yo te abrazo.
Tú me hablas y yo te escucho.
Eterno hilo que nos une.

ANTES DE LLEGAR AL RÍO,
entre la maleza, hay un puente.
Me adentro junto al estanque,
pinto en mi cuaderno unas hojas
de color verde.

En los árboles hay señales,
corazones atravesados,
iniciales en mayúsculas,
palabras sin terminar,
frases tristes en la corteza.

Asustados por el remolino del agua,
vuelan tres patos.
Podría ser este el lugar
donde cerrar los ojos
un día, el último.

Podría ser parte del camino.
Del amor diferente;
parte de otro destino,
tanto o más que este
para que seamos felices.

Deberíamos quedarnos.
Vuelan las aves en un círculo amarillo,
el pez salta en la superficie,
nadie más lo ve, ante nosotros
su brillo desaparece.

PARECE QUE TODO ESTÁ QUIETO,
pero quizá nos miran
o esperan que hablemos
para decirnos algo.

El sol ha penetrado
en el brillo del agua.
Sus rayos se tuercen
en las burbujas del estanque.

Vuelven al espejo
del que nunca han salido,
como volvemos nosotros
al lugar que nos fuimos.

Pero, si se acabase,
el lugar podría ser distinto:
un nuevo principio
antes incluso del nacimiento.

Lejos, el mar de la infancia,
separada la ola de la juventud,
quieta en el presente,
distante de lo que pudo haber sido.

Después de un silencio,
el corazón revive cambiado
y, con los años, el pálpito
es también otro.

No hay ángeles en este bosque
amarillo de gotas azules,
y, si los hay, están ocultos.
¿Los mismos de la juventud?

Reíamos con el torso desnudo.
A unos metros saltaban,
lo hacían con nosotros
para que vivieran.

No es el momento
de separarse del árbol
ni de la raíz embarrada
ni del lago oscuro.

Este no es tiempo
de quemar la cabaña
y dejar la casa atrás
sin volver la mirada.

No es necesario
rehuir del aroma del pasado
e ir solo hacia delante
con la única idea de escaparse.

Este es el tiempo
del resurgimiento:
sanar heridas,
cerrar cicatrices.

No es el momento
de los arrepentimientos
ni de revivir las promesas
que no se cumplen.

Lo es del atardecer
en los ojos cerrados,
de los pies de la mañana
en la hierba mojada.

No es el momento
de enterrar en el pozo
un largo secreto
guardado desde la infancia.

Este es el momento
de secar las lágrimas,
de restablecer
el brillo del rostro.

De apagar las brasas
aún calientes:
llorar sobre las piedras
grises y perdonarse.

Un color distinto tiene mayo,
las flores salen al paso,
desde el agua, suben hasta las ramas,
navegan entre los nenúfares.

Espera que se vaya lento el pasado
y aguarda a que llegue el presente
con un sonido distinto,
inacabado.

Algunos creen que es el del amor
y se emocionan. Otros,
que es el de la felicidad
y se alegran.

Una flor se abre, vuela la abeja,
el pájaro sobre la rama
me observa, desde el nido
ve la desaparición infinita.

Se aclaran
los recuerdos alejados,
sobre la nostalgia se tejen
los vividos a fuego lento.

Algunos sienten que rejuvenecen
y se alegran. Yo, rumor
de una ebriedad distinta,
podría ser que estoy curado.

Ojalá esta melodía proteja
lo que se rompió un día. Aguardo
que me hablen los que se fueron.
Espero que mis pies sepan volver a casa.

No hay palacios de cristal
en este jardín silente;
mansiones enormes
en este bosque solitario.

No hay ojos cerrados
ni miradas indiscretas.
No hay sirvientes
ni guardas ni jardineros.

No hay un único sendero
para caminar por él,
un banco para contar
los pozos que son muchos.

No hay una cabaña de madera
ni un perro en la puerta
ni una res ni un caballo
con una soga alrededor de su cabeza.

No hay cuerdas, no hay vallas,
no hay chimeneas ni candelabros
ni fuego que crepite. No hay clavos
ni lámparas ni noches.

Esa obligación
de forjar la realidad
cuando se aquieta la respiración
y el cuerpo desaparece.

No hay necesidad de precipitarse
ni de sentir miedo,
no hay peligro ni ahogo.
No hay apuro por lo que suceda.

No hay que estar en otro lugar
ni volver sobre los pasos.
No hay color transparente
en el brillo del agua.

EL UNIVERSO
se apodera de los ojos,
en el bosque de la poesía,
se desnuda.

Su voz se comprende
con el tiempo: ajada,
seca, áspera no es.
No se atraganta.

Es humilde cuando cae.
Valiente se levanta,
persevera y traspasa
hasta decir basta.

Pero, ¿qué traspasa
y qué persevera?
Traspasa el viento,
persevera su eco.

Se repite
un día inesperado.
Como el amor,
sale de su escondrijo.

Ojalá no se escape
y me roce los labios;
permanezca a mi lado
con el paso de los años.

Modesta en su peso,
en su acusación,
con su verdad
se eleva.

Eterna hasta
que llegue la justicia.
Silente, profunda,
como la vida misma.

Ojalá no se me vaya
de las manos
y toque mi piel
en los días de frío.

Ojalá no se confunda
y pase de largo.
No me gustaría ver mi rostro
entre las piedras.

No me gustaría
convertirme en ceniza.
La naturaleza despiadada,
un sonido desconocido.

Tantas veces que me pregunto
por la violencia desmedida,
tantas por la falta de justicia
en los países de este mundo.

Tantas que he olvidado cuántas son.
Si miro, veo a los desaparecidos,
si pongo mi mano sobre el fuego,
me queman los golpeados.

¿Para qué sirve la hoja de la poesía
que arde en el desierto,
que llama a las cosas por su nombre
y no se le hace caso?

¿Sirve porque no es real
o para que reafirme la verdad irrebatible
que un día volará sobre el cielo
y limpiará de sangre las ciudades?

Países de sol, ciegos de odio,
en lo que no se debería creer, creen,
matan por matar, pronuncian palabras
sin un significado compartido.

En los de nieve y en los de ventisca,
las voces de las ultrajadas;
con el deshielo se ven los ojos,
sus labios antes de la muerte.

¿No saben los Gobiernos
ni los gobernantes
qué ha de llegar con la paz
que se nombra en silencio?

Tantas veces me pregunto
por la arrogancia
que manda sin saber mandar
y mata a tantos inocentes.

Y CUANDO LA VOZ QUE PERSIGUES
no viene y cuando Dios no está
y no tienes a nadie a tu lado.

O cuando lo llamas y se va
para siempre o cuando vuelve
un día que no se esperaba.

O cuando la amistad se rompe,
se confunde entre la ceniza
o cuando renace reconfortada.

O cuando el amor no aparece
o no viene y se va de tu lado
porque ya no crees.

Pero el amor nos conforta,
lame las heridas
y nos hace felices.

El amor que no muere
cuando debes comenzar de nuevo
y olvidarte de los errores.

O cuando la alegría revive
y aún te sorprendes
de que no hayas desaparecido.

O cuando la vida
te da una nueva oportunidad
y la aceptas humilde.

ME ADENTRO EN EL BOSQUE,
ese lugar oscuro sin barreras,
como en el sueño.

Hablaron del miedo,
nos hicieron sentir el pavor
de las sombras ausentes.

Nos mostraron el pasado sangriento,
nos hicieron creer
en la fragilidad del presente.

El futuro no solo era incierto,
sino que podría ser terrible.
Me adentro en el bosque.

Me adentro en los sueños
como en el bosque: con los ojos
cerrados, pero viendo.

No tengo el miedo de antes,
ya no el pavor de las ciudades,
el terror de los Gobiernos.

Me adentro en tu cuerpo
como lo hago en el bosque
y en el sueño lentamente.

Envejezco, el eco de tu fuerza
me habla como si el afuera
no existiese.

Me adentro en el divino paisaje,
sin barreras ni imposibles.
Tu luz no se extingue.

Reconozco lo que he sido
y podría ser si sigo adelante.
Me adentro.

Es de agradecer el susurro
que contrarresta la violencia.
El peso de la tela
en la bandera que ondea.

Surge desde dentro,
tiene un tono delicado
que valora al que busca,
mas no es ciego como el grito.

También al que llega de lejos
y en un paisaje seco vive
o a ese otro que nació
en un lugar duro.

Caricia que alisa el dolor
de la piel estremecida,
es de agradecer su aliento:
cura la herida.

Es antiguo como el mundo
y, aunque parezca esquivo,
nace de la tierra,
eterno es como el universo.

Tiene amigos inseparables:
el silencio es el primero.
A su lado permanece
para que su roce perdure.

La amistad es otra.
Deja que sea ella quien hable,
que sea ella quien persevere,
la que recuerde, la que avise.

Y también lo es el amor
—pero el pleno—, ese
que más allá del enamoramiento
no declina ni se fragmenta.

El que se asienta
en la gente que lo habita.
El del tiempo y las estaciones.
El tuyo y también el mío.

Si tienes un jardín,
puedes tener un bosque.
Y, si tienes una palabra,
el diccionario completo.

Y, si tienes una maceta,
puede que aniden las aves
y con la ventana cerrada
veas cómo nacen los polluelos.

Si tienes un remordimiento,
deberías borrarlo de la mente
y, si tienes un secreto,
guardarlo para siempre.

Pero, si tienes unas monedas,
deberías repartirlas
y, si son billetes, gastarlos
antes de que sea tarde.

Y, si tienes un trabajo que te guste,
deberías estar contento.
Si no lo tienes, aprovechar
el tiempo para ser libre.

Pero, si no tienes nada:
ni alma que se junte al cuerpo
ni luz que atraviese la sombra
ni pasado ni presente.

Si no tienes futuro,
quédate quieto y no te arrastres.
Vacíate por dentro y rómpete
por detrás y por delante.

Para que entre el viento,
vacíate de aire;
sánate para volver a andar
y restituirte.

Y, si puedes hablar, habla.
Y, si no puedes, espera
a que suene entre los labios
esa palabra que sonríe.

Abre la conciencia y no te enojes.
Canta, baila, huele la hierba,
ve con el pájaro
y no te quedes quieto.

Si tienes dudas,
deberías pensar en la muerte.
Y, si tienes miedo, negar su poder
y ser fuerte.

LA VOZ HUMILDE
en el brillo del agua,
la de los perdedores
que se levantan.

La de los hombres
que hacen el bien
y embellecen
el jardín que los rodea.

La de las mujeres
que cultivan la tierra
con los brazos de los sueños
que se comparten.

La de los hijos
que aún no hablan,
la de las hijas
que aún no oyen.

Lo harán, oirán,
tengamos paciencia:
son eternos en su gracia,
inmensos en el aprendizaje.

Para las desgracias
también sirve:
a la esperanza se dirige
y en la necesidad sobrevive.

Pero ¿cómo se sobrevive
cuando el mundo está roto,
se queman los bosques
y el poder es insaciable?

Sin levantar el tono,
siente la fuerza que tiene,
se enfrenta al infortunio,
ocupa el lugar que merece.

Sobrevive
como lo hace el nenúfar
que posa una flor
y el viento abre en la orilla.

Pétalo junto a otro pétalo,
con la luz del día;
sostenida la corona de la tarde,
cerrándose por la noche.

Se entrega al ausente, al desaparecido,
a quien lo necesita.
Se regala a quien está lejos
para sentirlo cerca.

La flor humilde
en el brillo del agua:
cambia su color
y los sueños se realizan.

AHORA VOY, AMOR,
no es necesario que esperes,
un año se reduce a un minuto,
una hora, a un segundo.

Desde que me fui,
recorro el mundo.
En el movimiento de los cipreses,
siento la presencia del viento.

Somos ciegos cuando no vemos
ni lo que tenemos cerca
ni lo que hay delante
y la distancia nos conmueve.

Aciagas semanas
resguardaron el tiempo.
Meses taciturnos
en los que no pudimos estrechar las manos.

Ahora voy, amor,
todos los siglos son breves,
ese mucho es poco,
la ausencia no es eterna.

Recorro los senderos,
observo el vuelo de las aves,
este caminar va
junto a la humedad de la tarde.

No es necesario que se abra
la puerta que cerraste.
Ahora voy, amor,
nada ha cambiado.

APRENDER DE LOS DÍAS
cuando nos enseñan
qué es lo que no debería ocurrir.

Evitar lo que nos aprisiona,
lo que podría ser creíble
y, lamentablemente, no nos libera.

Mezclar la alegría con la tristeza,
la felicidad con la ausencia,
la vida con la muerte.

Podría ser en otro orden:
la espina con la flor,
los días de paz con los de rabia.

Hay silencio en la conversación
que se entrega,
esperanza en el encuentro.

Hay oración ante lo inesperado,
coraje ante el infortunio,
llanto ante la maldad inevitable.

El estanque refleja el rostro
del joven sumergido en aguas turbias:
prisión, manos ajenas.

Queda la piel en el agua;
pese a los días sin noticias,
la madre mantiene el recuerdo en vilo.

Su belleza parece perdida.
En el cielo de los desaparecidos, brilla;
en el orbe que falta, se lamenta.

Aprender de los días para que no se repita.
Del pasado para ser inocentes.
En todos los países pasa.

LA HOJA BLANCA DE LA VIDA
ha de anotarse por los dos lados.
El nombre no importa,
sí lo que se escribe.

El paso de las horas durante el día
se ha de leer en la noche;
escribir de las calles
con la gente en los balcones.

Escribir con frases felices
como atravesar los parques,
llegar hasta el bosque,
ver la sombra moverse en el estanque.

¿Sabes que no eres el mismo de antes?
¿Sabes que serás un cuerpo distinto
con los años que aún no tienes?
¿Que será un texto diferente?

Saldrán a tu encuentro las arrugas,
la duda y el asombro, las preguntas.
Rondará la decisión, llegará
el cansancio, el descanso.

La hoja se une al árbol
con un color distinto en cada lado.
El viento lo zarandea, el nervio
crepita, el pulso que firma.

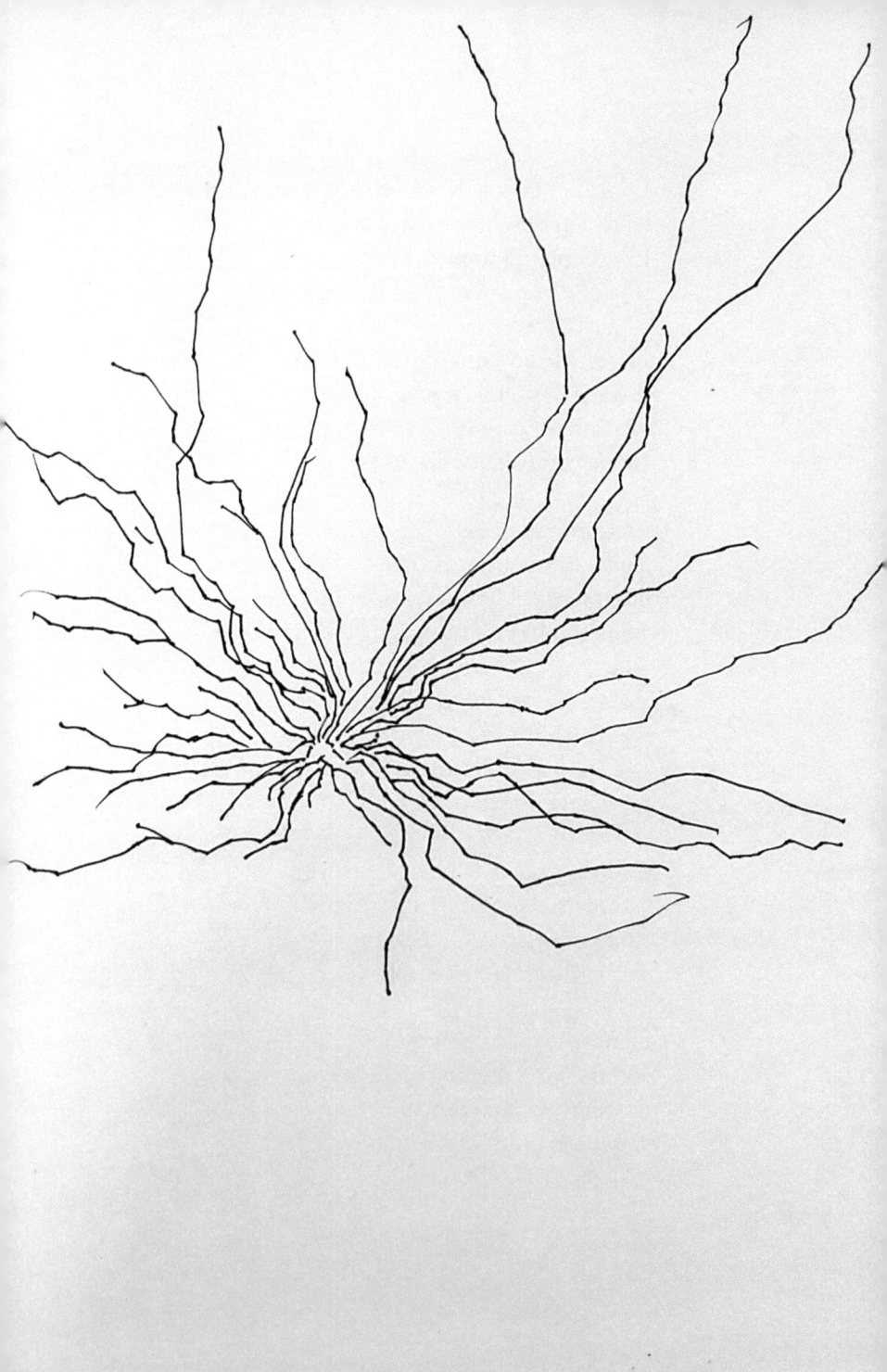

DE TODAS LAS PRISIONES IMAGINABLES,
la que ve el jardín desde la celda
pudiera ser la más terrible.

Y de las ausencias que se piensan,
la de un hijo, la de una hija ante una madre
es la que no se olvida.

Estanque de flores difusas:
retratos de fantasmas
sobre nenúfares con una vela encendida.

Dime, ¿has pensado alguna vez
que te podría suceder a ti?
Cuando te pasa, no sabes qué hacer.

Quizá una voz desconocida te ayude.
Un brillo apenado comparta
eso que ocultan a tus ojos.

Diferente se muestra de ese modo la tristeza:
el llanto se sumerge en el silencio,
deja de ser distante.

De todas las verdades posibles,
la que cuida el jardín de la memoria
podría ser la que nos salve.

Y, de todas las pérdidas que se sienten,
las palabras dichas con amor
no se deberían enterrar nunca.

Da igual que ahora no vengas,
yo te abriré la puerta; lo haré
sentado bajo el árbol del lago.

Recogeré unas flores junto a las piedras
del sendero. Las pondré en agua,
te las entregaré cuando llegues.

Dejaré que se vaya la serpiente
haciendo eses por la hierba para no atacarme.
Te espero para defenderte del olvido.

Dejaré la radio encendida, apagaré las noticias,
pondré música clásica.
Bach, Beethoven, Mahler…

No es una batalla perdida
esperar a quien se ama
con la puerta entreabierta.

Lo hacen el viento y los peces
bajo el agua, los patos que vuelan,
las arañas entre las ramas.

Desde la mañana hasta la tarde,
durante la noche contaré las de la casa,
tejerán el sueño que nos mece.

No se necesita una partitura
para recordar la canción que se sabe.
Ella también te espera.

Volverá la melodía que nos habla.
Como a un hijo pródigo, te espero
para que seas libre.

HUELE A PAN, OLÍA A FUEGO,
el incienso sabe a muerte,
el aceite se derrama.

Antes fue en la iglesia,
en la habitación a solas, luego,
en el cuerpo compartido, más tarde.

Otro tanto sucede con el agua.
Primero, en la pila; luego, en el cuarto;
en la cocina, donde se calienta, finalmente.

Y fuera de la casa en el cielo;
luego en la hierba; en el estanque
de las raíces más tarde.

Deberemos esperar
a que el reino de Cristo
se hornee en la tierra.

Huele a bosque, cruzo
el campo de trigo, una línea verde
en un vasto cuadrado amarillo.

Prueba un bocado. Tal vez sientas
un sabor amargo, tal vez sepas
de lo que hablo, yo te llevo.

Se suben las persianas,
la ventana se abre, el aire fresco
renueva la estancia.

Entre las sábanas que te defienden
de la pesadilla que se cierne,
el sueño adormilado.

La conciencia a salvo.
Pero el recuerdo
no cesa de moverse.

Podría ser su fondo bello,
arenoso, pero es movedizo,
sinuoso, resbaladizo.

Remueve lo que olvidar
no se puede; con indiferencia,
entrega lo que duele.

El dolor no se va,
respira atento a lo que pasa,
su evocación permanece.

No se puede huir:
en la fatalidad del fondo,
la superficie fluye.

No piensa
en lo que pudo haber sido
ni siente por ello pena.

Es una estampa nueva,
una postal vieja,
con una fecha distinta.

¿QUIÉN SE ACUERDA DEL TRABAJO SIN LÍMITES,
del dinero escaso, del aire contaminado,
de los meses escurridizos?

¿Quién se acuerda del hambre,
de esa comida inexistente?,
¿quién del despertar que regresa a su hora?

Pero, como en la infelicidad puede haber paz
o en la incertidumbre, una nueva energía,
en todo problema hay una solución.

Horas de luz en la mirada del tiempo,
humedad que convierte en hoja la lágrima,
viento que envuelve la médula de la flor.

Piel que brilla como fruta humana.
Y ¿quién desea recordar el pasado
en la rama del presente?

Los pájaros que cantan no se ven,
tampoco adonde se dirige el agua.
No tiene una sola nube el estanque.

SE LEVANTA LA NIEBLA,
emprende el viaje la mañana
como si fuera la primera vez.

Atrás queda el bosque,
la luz en sus manos, el agua
parecía que no estaba, pero está.

El camino se abre a la tarde
que precede a una oscuridad distinta.
Es un relevo agradecido.

El tiempo acepta el proceso.
Nada es como se ve, aparece
y desaparece convertido en otra cosa.

Otra cosa que no se explica,
que no es algo obligado,
pero sí inevitable.

Desde el origen se repite:
no puede mostrar su comienzo,
tampoco ocultarse ante quien no puede.

EL POEMA QUE LLEVA SU CAMINO
se deshizo como el agua de lluvia
cuando moja la hierba y la tierra
adquiere un color rojizo.

La ciudad es una antena humeante:
los ancianos supervivientes
no entienden lo que pasa
entre una pantalla y otra.

Y yo, sin nada, encontré mi tiempo
dentro del tiempo despreciado por otros.
Sin trabajo, un empleo
dentro del oficio desocupado.

¿Quién se dedica a pensar en voz alta?
¿Cómo se le puede hablar al árbol?,
¿llorar al agua?, ¿esperar al pez
de la escama profunda?

Olvida lo que has de decir;
la tierra se transforma en barro,
el lodo se transforma en polvo,
se enciende la ciudad al fondo.

El agua sostiene una fina rama,
el pez sabe que estoy quieto.
Sentado en la orilla, el poema,
que estoy a la espera.

¿A la espera de un mundo distinto?
Aguardo a que la rama traiga la hoja
donde escribiré despacio
lo que más tarde borrará el agua.

VUELVO AL RÍO SUBTERRÁNEO.
Ante el estanque de los días,
donde las ramas arrastran
los pensamientos de una vida.

Veo la derrota,
me fijo en la espera,
la llamada que no obtuvo respuesta
cuelga de los labios.

Son tristes, inquietos,
encerrados en un lejano itinerario.
Infructuosos de antemano,
pero entonces no me di cuenta.

Sobre el agua de la existencia
me gustaría ver otros ríos;
aunque los de la alegría son pocos,
quisiera recordar alguno al menos.

No estos que están rotos,
sino aquellos que fueron restos
de momentos felices.
Estos podrían ser los míos.

Aguas que arrastran pesares,
ramas rotas que fueron fuego.
Cuerpo que cambia, señales
e interpretaciones que no son tales.

Consciente soy del tiempo perdido:
en el barro estancado de la mirada
mi agua los limpia ahora;
lejos los lleva sin peso alguno.

Recuerdo los cuadros de la casa,
la habitación donde escribía,
la mesa con el cuaderno,
el lápiz que dibujaba el papel.

Era una playa solitaria,
un atardecer sin dueño,
sol que vi por última vez
antes de marcharme.

¡Cómo es posible que no quede nada!
¿Dónde están los poemas?,
¿dentro de qué baúl
respiran los manuscritos?

Un gato negro,
un boxeador en el Madison,
el paisaje del desierto mexicano,
un cuadro de cristales rotos.

No es necesario volver
a la noche de los cuchillos afilados,
con regresar al pasado,
es suficiente para acordarme.

Vivíamos en una ciudad,
en los túneles, se refugiaban los desplazados
y, en sus calles, había desaparecidos
hasta que lo supimos.

Y tú, uno de ellos, puro despojo,
entonces no lo sabías.
¿Dónde aquellos restos olvidados?,
¿en qué archivo aparecen sus nombres?

No es necesario volver al dolor
para ver en qué te has convertido.
Anónimo viento que se estremece
y llega a cualquier parte del mundo.

¿Alejarse de la ciudad
para entrar en la soledad infinita
como lo hace el viento
que arrastra las hojas de los árboles?

El mundo así no tiene sentido:
cada hoja separada del tronco
busca una mano
que muchas veces no aparece.

Pero, si la hoja cae
y quien la recoge aún sin polvo
siente el paso del tiempo,
es todavía posible el milagro.

Frente a esas que sienten la muerte
—¡ay, cobardía, ay, miedo, ay, frío!—,
¿qué haría yo con una de ellas?,
¿podría ser feliz algún día?

Con la hoja entre los dedos,
van las huellas de la mano.
Con tantas en el suelo,
la tierra marchita.

La luz por dentro,
distinta a la de afuera,
nos mira el rostro
y señala el cuerpo.

Podría ser intensa,
pero se contiene,
con rubor se muestra
para no parecer desnuda.

Pero, en el espejo
de los años iguales,
el pez no deja
que me ahogue.

Salta ante mis ojos,
restalla su escama
en la piel de los sentidos
para que despierte.

«Si respiro en el fondo
y habito el fango,
puedes hacer
lo mismo —me dice—.

Y, si va a ser tuya
la caña que me pesque,
el árbol no dejará
que arranques su brazo».

Nada el asombro
en el agua de la vida,
la caña se encorva,
en la punta, la semilla.

En círculos concéntricos
no se demora,
la pureza de su línea
surge en el medio.

Invisible en su origen.
En su final, vestida.
Ante su conclusión,
alineada, definitiva.

SE MUEVEN LAS RAMAS
y la flor aislada.
El viento, por la espalda.
Atrás, el sendero.

El aire fresco
atraviesa mi garganta,
veo el reflejo de mi vida
en el sonido del agua.

Nada más despertar,
no podía hablar,
ni una frase salía
de mi boca.

La primera fue: «Oh, Señor,
¿qué es lo que me pasa?».
¿La afonía, nube que se va,
es momentánea?

Desaparece en lo alto,
tiene el contorno de un ala;
con sombras, sus plumas
se alejan de la vista.

Sentado en la hierba,
observo el estanque quieto.
Desde que llegué,
al acecho, el silencio.

En ese pez que brilla
en el fondo, en esa hoja
que navega,
en mi voz que se recupera.

Entre nosotros, oh, Señor,
todo está dicho.
Sabes lo que pienso,
mis sueños conoces desde niño.

Oh, Señor, soy paciente,
nunca te he visto,
pero hasta este lugar
he llegado.

Con el primer paso
tembloroso, te seguí.
En cada bifurcación del camino
te he llamado.

He hablado contigo
y no me has respondido.
Estoy en paz,
el paisaje te honra.

De su claridad
hasta un ciego hablaría:
sentiría tu compañía,
escucharía tu silencio.

DE LAS QUIETUDES DEL ALMA
habla esta vida que se desangra
en tantos lugares donde se disparan
algo más que balas.

Los jóvenes sedientos
mueren en las palabras ajenas
y, con las que se deberían pronunciar,
lamentablemente, no resucitan.

En sus sueños, se quiebra la flor
que vuela con el viento;
siente su sequedad
cuando atraviesa el desierto.

¿Con amargura
los devuelve a la tierra
que acogió su nacimiento?
¿Qué dirá entonces la muerte?

¿Dirá que no hay esperanza?
¿Que los que no los socorren se destruyen?
¿Dirá que la ayudan sin que lo pida?
¿Dirá que estamos locos?

Lo que no dirá
es que las frases dichas sin pensar
no consuelan
y que porque son ajenas no son justas.

Lo que no dirá es que sus nombres
se pierden en una columna de humo
que atraviesa las fechas
que no se esculpen en lápidas de piedra.

Que lo que se ve ahora no se veía antes
y que lo que sienten antes de morir
no lo sintieron sus madres.
Dirá que son inocentes.

Dirá que el tiempo es limitado
y dirá también que, si el perdón
se manifestara de golpe,
no podría hacer más de lo que puede.

Dirá, por eso mismo, que es necesario
que la vida recupere su sosiego
y que la locura que nos invade
se detenga de inmediato.

Dirá que la tierra se embrutece
con tanta sangre
y que aquel que habla más de la cuenta
es cómplice.

Lo que no dirá, aunque lo piense,
es que somos desgraciados con tanta desgracia.
La vida tranquila le gusta; si hay paz,
no es necesario que se la llame.

¿Qué más dirá si hasta ella se conmueve?
¿Dirá que todo lo que se dispara es hacia dentro?
¿Que todo lo que se mata no es justo que se mate?
¿Que no se erradica el mal si nadie lo hace?

¿Dirá que hay que saber dónde se nace?
¿Que nadie debería morir en un lugar seguro?
¿Que el que dispara la bala es asesino
y que el que desaparece no es el mismo?

¿Dirá que no se debería hacer
eso que nos piden que se haga
y que no es justo que ella haga su trabajo
y siembre de cadáveres la tierra?

¿Dirá que le cuentan lo último que sintieron
al ver que su presencia los calmaba?
¿Que le confiesan que se alegran de verla,
pues no pueden aguantar tanto sufrimiento?

Huir de la muerte no se puede,
su suerte es un misterio;
si no es deseado
el final, una pena.

La raíz de la tierra,
la hoja en el suelo, el pájaro
hecho un ovillo, los colores
apagados de sus alas.

No volará sobre el cielo,
no recibirá el golpe del viento,
el manotazo invisible
será para la aislada rama.

Pero el día nace
y lo que cruje se oye
cuando el agua brilla
en el estanque.

El movimiento podría ser otro,
pero, como lo que vendrá
despierta más tarde,
se verá de nuevo.

Los ojos, tras la oscuridad,
abren el círculo después.
Miran el tiempo que pasa,
se estremecen.

Así es: pase lo que pase,
caiga lo que caiga,
se entierre lo que se entierre,
comienza otra vez.

Por cada olvido,
ocurre el milagro.
¿Para qué enfadarse
cuando llega?

¿Para qué apenarse por algo
que no tiene remedio?
¿Para qué dolerse
por lo que está claro?

Renegar no se puede.
Se acaba el ciclo
y, lo que comienza a verse,
que continúe.

CONTEMPLO EL PAISAJE QUE NOS DELIMITA,
ese contorno que nos hace diminutos
y nos lleva a comprender
la grandeza que se nos escapa.

En mis manos tengo el cuaderno,
conmigo traje las pinturas,
el canto de un pájaro se alza
entre lo que soy y creo.

El lápiz se fija en el árbol
y, hoy que ha llovido,
despliega las tonalidades del arcoíris
que el poema describe aislado.

Pero no te veo, Señor de las criaturas
envolventes y guardián del abismo;
redentor del cuerpo, alma sólida
de las obsesiones mundanas, no te veo.

No te veo cuando el lápiz
se entrega a lo que llega y escribe
de eso que no se ve, pero ahí está.
Eso es la poesía.

En el comienzo, la página blanca:
oculto el color,
las palabras quieren ocupar
las notas del poema.

Camino entre esas
que se han de escuchar,
quizá, cuando las manos
cierren el cuaderno.

Se cree tanto en lo que no se ve
como en lo que se sueña;
así lo hago yo cuando termino;
desaparezco.

Me voy con una oración
que entrego en la despedida.
El pequeño poema, insignificante
partitura que se nos escapa.

Oh, Señor de las palabras dichas,
deja que pronuncie yo las mías.
Oh, Señor de lo que nunca se acaba,
ayúdame para que no se vayan.

Ahora entiendo lo que antes no comprendía.
¡Qué ciego estuve aun con ojos que veían!
¡Qué osado fui al pensar que sabía
lo que para mí era importante!

¡Qué arrogante al comportarme
como un necio, yo que creía ser inteligente!
Creía que se debía vivir rápido,
hacerlo sin mirar atrás y sin pensar demasiado.

Laberinto de un paseo compartido,
se me aclara el significado de las notas escritas:
al fin, comprendo mi letra,
entiendo a qué he venido.

Entiendo la enemistad del azar y el tiempo,
la lucha mezquina del hombre
que se condena al confundir
la meta con la salvación.

Comprendo la pared que se derrumba,
el sonido de la flor cuando se abre,
el vuelo de la abeja, el polen
que se esparce en el aire del poema.

Comprendo la luz que acompaña,
el rezo que me agranda,
la confesión que me salva
de ser el de antes y me rejuvenece.

El infinito en un instante;
en las caminatas por el bosque,
me envuelve un sonido
que junto a mí permanece.

Ahora comprendo lo sagrado
de este ejercicio: nacer para morir
mientras vivo, vivir para ser yo.
No puedo ser otro.

EL CAMINO LLEGA HASTA EL ESTANQUE,
tardé en reconocer la hoja
del corazón solitario.
No supe ver lo que había delante
ni sentir el presente
que congela lo inevitable.

Podría ser uno sencillo,
como lo es el amor por el bosque
y los animales; por los hombres
y las mujeres que me cruzo;
como lo es el tiempo
al recorrer el paisaje.

Podría ser el dolor que ha de curarse:
ese que siente el cuerpo duramente
y que me llevó a caminar por la hierba,
meterme entre matorrales y zarzas,
atravesar campos, apoyarme
en árboles torcidos, sendas secretas.

Tardé lo que se tarda hasta saber
que no me había equivocado:
todo se abría ante mí,
el cambio no solo era necesario,
sino inevitable para sanar de golpe.
Tardé y lo lamento.

Tanto que la mañana se hizo tarde
y en el sueño rescatado vivía yo,
pero en otra parte de la noche.
La voz era distinta a la de ahora,
pero también en esos momentos
fue humilde.

La del poema va del corazón a la mano,
se entrega al papel donde se escribe,
vuela con los pájaros y el viento,
comprende el jeroglífico de la memoria
cuando se tiene sed o hambre
y, a nuestro lado, solo el vacío.

Tardé tanto en descifrar su significado,
en entender el juego de la vida,
los signos en la pared invisible,
que, cuando lo hice, supe
que el tiempo es necesario
para dar con la unidad divina.

La pregunta que me hago es:
«¿Por qué tuvo que llegar el dolor
de esa forma para darme cuenta?».
Frente al mío, yo me entrego.
Ante el de los demás, no sé qué decir.
Ojalá no tarden.

DE LAS HERIDAS DEL CORAZÓN
sabe la noche. Y de las del alma,
el día que no se olvida.

De las enemistades
sabe el tiempo y de las vergüenzas,
la memoria.

De las venganzas y las horas
compartidas por la ira
sabe el cuerpo.

Sabe lo que se siente
en esos momentos y por eso mismo
se rompe.

Sabe lo que pasa:
la realidad se retuerce
y la verdad se desdice.

De las escaleras que se han de subir
o de las que se han de bajar,
el tiempo.

De la sangre derramada
y de lo que no se dice,
el perdón.

De la verdad, toda una vida
y del arrepentimiento,
un poco antes, la muerte.

Como nosotros defendemos nuestra casa,
otros ojos observan la naturaleza
cuando la ciudad desaparece de vista.

¿En qué lugar del mundo,
donde nacemos y morimos,
vivimos sin saber muy bien cómo?

No se debería malgastar el tiempo
antes de que se acabe;
repetir las cosas por repetirlas.

¿Acaso somos eso que hacemos
cuando no siempre
debemos seguir las normas?

Tantas veces que respondemos,
al creer que son las únicas,
con idénticas palabras.

En sus calles nos desnudamos.
Pero, al abandonarla, habitamos
la paz compartida.

Su reflejo nos reconoce.
Esa transparencia nos mira,
su belleza nos conmueve.

No debería desnudarse del todo
o decir lo primero que se nos ocurra
cuando su totalidad nos viste.

La lluvia nos moja suavemente,
la liebre fuera de su escondrijo,
los ojos del pájaro.

Cuando se van, permanece esa paz
que de tan poderosa que es
parece salvaje.

HABÍA OLVIDADO LO HONDO
que puede ser el estanque,
como otras enseñanzas
que mi mente se encargó de sepultar.

Olvidé lo agradable que es sentir
tu piel sobre mi mano
o la sonrisa que se ofrece
nada más despertar.

En el paseo matutino,
la humedad del bosque brilla,
no hay más que eso:
nada es, todo reluce.

Olvidé la soledad, el silencio,
en estos tiempos tan duros
la maldad, la violencia,
el golpe que mata.

Ah, esta evocación tardía;
lo hice para vivir en paz
o quizá para vivir sin pena,
pero no se puede.

No se puede olvidar tanto:
como el sabor de tus besos
o el tono de esa voz
que no sale, pero aún no muere.

El olvido es ley,
pero la vida tiene mucho que recordar.
Ese podría ser el pensamiento
del tiempo que no se disuelve.

Tanto como el sueño
que anticipa lo que podría ocurrir
y no se entiende en el momento
para no sufrir más de la cuenta.

Como esa voz que se borra de la mente,
pero que responde con claridad
ante eso que se comprende
para perdonarse finalmente.

No hay más que eso: ser de nuevo,
volver a ese que se había negado.
Negar a ese otro que se había ido,
saber que el olvido fue necesario.

Sɪ ᴍᴇ ᴘᴏɴɢᴏ ᴇɴ ᴛᴜ ʟᴜɢᴀʀ,
veo la cara entristecida,
la mano tensa, extendida
a una limosna invisible.

¿Sabrá el infinito lo que se siente,
la congoja cuando no se tiene
un trabajo y los días pasan
sin gozar de la vida?

¿Sabrá la divinidad transparente
cómo se pierde el brillo
de los ojos de quien ve,
pero ya no siente?

Si me pongo en tu lugar, veo
sombras que no despiertan,
sueños que agotan su ciclo
antes de que se materialicen.

Podría ser optimista.
Desde el otro extremo, me volvería
y gritaría: «Atended, amigos,
no todo está perdido, hay que creer».

Creer en la voz,
que nos llama a la calma,
en la ciudad que no se derrumba,
en la llama que no pertenece a la ruina.

Cuando no te llaman o no te responden
o te dicen no a *eso que tú pides*
y dejas de creer en aquello
que nos lleva a vivir intensamente.

¿La congoja cuando no se tiene un trabajo
y los días pasan sin gozar de la vida?
Podría hablarte con humildad:
¿serviría de algo si te digo

que también ellos han de cruzar el bosque
para ver su rostro en el lago,
oír el canto de los pájaros,
observar al pez y no ahogarse?

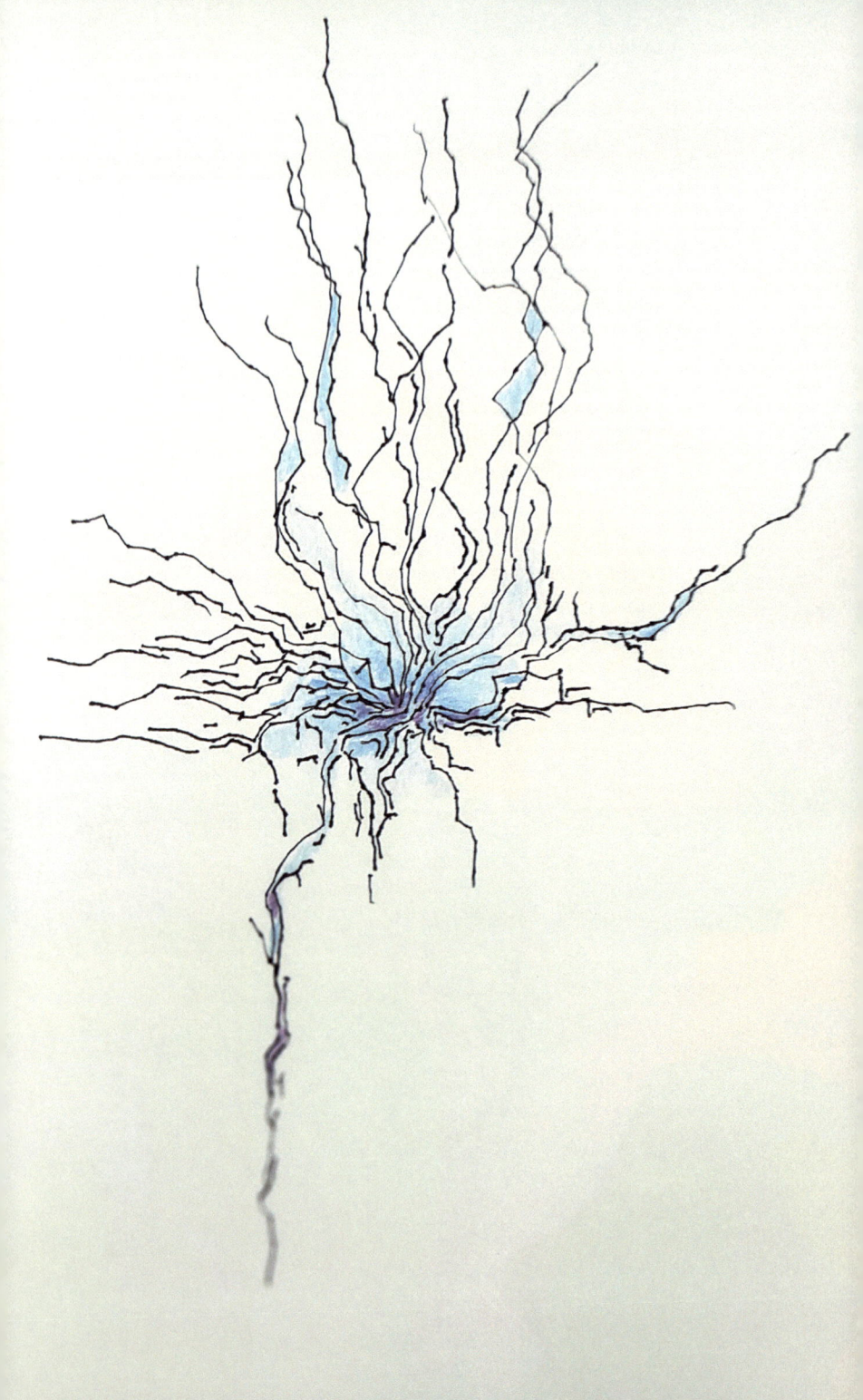

LOS ÁRBOLES, EL CIELO, LA HUMEDAD,
la serpiente, la mosca o la liebre
como la piedra que tiras al lago
y se hunde.

El remolino en la superficie,
su centro que se deshace:
círculos en la memoria
del bosque y del hombre.

El canto del viento
trae las palabras del mundo
a este lugar secreto.
Juntos las escuchan.

Podría ser, lo más seguro,
que desconozcan lo que es la eternidad
o que no sepan qué es la conciencia.
Preguntarles si creen sería excesivo.

Lo más probable es que no haya nada claro:
comprender lo que no se ve parece imposible,
pero, al despertar —tan solo eso, despertar—,
podría ser creíble y hasta cierto.

Como que llegue al fondo
o que la piedra viva un día tras otro
mientras parece que no se mueve de sitio
y tú seas esa que cae.

HABRÍA QUE PERDONAR AL QUE DISPARA
como se debería calmar al que grita
para que no lo hiciera
y dejara el arma en el suelo.

Queda un reguero de sangre en la calle
cuando no ha de morir el que mata
y se ruega por la vida
de aquel que finalmente muere.

Pero yo no puedo quedarme quieto
y tampoco callado:
en muchos lugares,
he visto esto que sucede.

¿Quién puede ser un testigo esquivo
cuando el arma que se enciende
alumbra el brillo
de una mirada triste?

Debería impedir que se marche
y agarrarlo para que no se vaya.
Debería agarrarlo para que no se muera.
Agarrarlo para que regrese.

Habría que hacerlo para que no griten:
curar al que lo necesita
y acallar al que carga el arma
para que no mate a más gente.

Tantas veces en muchas ciudades,
esta locura cerca;
tantas veces, sentado en el bosque,
he secado mis lágrimas solo.

Tantas veces en muchos países
con el consentimiento del Gobierno;
tantas veces ante el estanque
lejos de los dioses.

Queda el recuerdo de sus caras
cuando la bala permanece caliente
y se reza para que no se despida
aquel que, frío, ya no vuelve.

¿Quién puede ser inocente
cuando un hombre enloquece
y otro ni siquiera se defiende
aun sabiendo lo que le espera?

Has visto el campo amarillo
con una extensión inabarcable.
Lo has visto ahí delante.

No es el cuadro famoso del museo
donde te tomaste una foto y pensaste
que ojalá fuera tuyo, pues valía mucho.

Has visto también las palabras enmarcadas,
entrecomilladas, en las paredes;
cuando te vas, algunas lloran.

Desde entonces, has escuchado mucho,
también, porque callas,
has oído muy bien lo que dicen.

Desde que visitas el bosque,
has visto la primera hora de la mañana,
antes, incluso, de que amaneciera.

Explicarlo con esas palabras repetidas
o con esas que suenan gastadas a diario,
como monedas sueltas, no te gusta.

Sabes que van unas con otras
y que, cuando se juntan, no se pierden;
pero hay algunas que desaparecen.

Lo hacen sin una razón aparente.
¿Contarlas, una y otra vez,
cuando ellas te protegen del infinito?

Desde que vas con los bolsillos vacíos,
sabes qué importante es decirlas
para que se entiendan.

NINGÚN PRESENTE ES MÁS IMPORTANTE
que el ahora, ningún regalo más caro
o mejor que el que tienes.

No tienes eso que guardan otros,
pero sí un tiempo que se mueve
y unos pies que caminan.

Sientes la lluvia y los rayos,
tienes la ropa mojada y las manos encogidas,
la libertad de quedarte bajo la tormenta.

No tienes un perro con una correa,
pero un corzo te acompaña y un pájaro carpintero
picotea en el tronco.

Tienes un sueño por cumplir,
otro más, como tú aún no has llegado,
te aguarda en el camino.

Un sendero que desconoces
y otras rutas que aún no has visto,
pero que deseas ver pronto.

Tienes el tiempo contigo:
el presente se te ofrece.
Ese es tu obsequio, no lo malgastes.

LAS PALOMAS MERODEAN ENTRE LA GENTE,
con el ruido de las campanas,
se van asustadas de la plaza.

Los vestidos blancos, verdes y rojos de las mujeres,
los trajes azules y grises de los hombres,
el día de la boda.

Los *dantzaris*[1] abren el camino a los novios,
suena el *txistu*,[2] un avión rasga el cielo,
las palomas no se inmutan.

Sábados soleados donde las familias
en las terrazas de las cafeterías
se ven las caras.

Después de estar encerrado,
regreso con una mirada distinta.
Vuelvo a lo más importante.

El fotógrafo congela la ceremonia:
su trabajo es mostrar la vida
para que siga adelante.

El brillo de su lente es el mismo
que cuando el pez salta y yo lo atrapo
en el poema para que no se escape.

---

1 Bailarines de danzas vascas.

2 Flauta típica del País Vasco.

Aunque no es importante,
es un oficio: descubrir el silencio,
atrapar el instante.

Vuelvo al amor feliz,
a los pasos de los zapatos de tacón,
a las niñas con el vestido transparente.

La luz es distinta. La que se ve
será de otra manera más adelante.
De lo efímero a lo eterno.

Como el poema que regresa a su casa.
Como el amor que llega.
Como la alegría que vuelve.

La comitiva va tras el coche negro,
las palomas avanzan entre los *dantzaris*
que se cambian en los soportales.

Los hombres guardan sus chalecos verdes, camisas
blancas y boinas rojas. Del pañuelo blanco de las mujeres,
sale una trenza por la espalda.

Es artificial, solo una de las bailarinas
tiene la melena larga. El fotógrafo se ha ido
con los colores de la boda en su lente.

Yo llevo los de la poesía en mis gafas,
nada importante; bastante
es tener los ojos abiertos.

Juego con las palabras
que envuelven el pensamiento;
si esta se revuelve, algo habré hecho.

«Algún día lo entenderás», me digo.
Puede que alguno de ellos
se adentre en el bosque.

Convertirse en un paseante
o ahorcarse del mismo árbol
con un corazón y dos nombres.

No habrá una fotografía
que capture el instante,
pero una voz le dirá que pare.

En la alfombra de tu cuerpo,
entro en un refugio distinto;
revivo cuando siento que muero.

Lo hago despacio. Miro la ropa tendida,
los vasos brillantes en la alacena,
el reloj parado sobre la mesilla.

Lenta es la caricia:
vienen con aire distinto los besos
para que no se sequen los labios por dentro.

Déjame conocerte para que sea también mío,
invítame a descubrir la cima,
devuélveme a la olvidada entrada.

Ante el brillo de tus ojos
y para que el dolor me abandone,
no me rechaces, te pido.

El árbol y la hoja
comparten el tiempo,
la sombra los envuelve.

El regreso vuelve,
la frontera no se mueve
entre los pliegues de tu cuerpo.

Amar como lo hace un hombre,
decirte que somos uno
antes de que desfallezca.

Desde tu ventana,
se ve el horizonte:
no quiero pensar en nada.

El polvo se disuelve
ante la belleza,
cubre lo que está más cerca.

Necesito decirte que te amo,
debes saber que te quiero.
Entrégame la mano.

Pienso en la soledad:
la piedra sigue siendo piedra
en mi mano.

Su color gris o negro en cada arruga.
La froto y la muevo,
la miro y la sostengo.

¿Podría lanzarla lejos
para romperla en pedazos?
La dejo sobre la mesa.

Vaya donde vaya,
se quede donde se quede,
vuele alto o no se mueva.

Sea verdad que no pese
o peso sobre la hierba,
sigue estando sola.

LA HOJA DEL ÁRBOL,
su dibujo en el cuadro.
En el museo,
un paisaje congelado.

Pedazo de una vida:
el canto de un pájaro,
la linterna de las luciérnagas,
la luna en el tejado.

La ventana de la mañana,
el mirador de la tarde,
el descanso por la noche,
el sueño olvidado.

Donde no hay dolor,
no hay pensamiento.
Donde no hay recuerdo,
no hay pena.

Convierte el presente,
¿adivina el futuro
que tan poco se vive?
Surge del pasado.

La amapola blanca de la memoria
atraviesa la mirada:
una lágrima imperceptible
si no estás a mi lado.

Son días cansinos,
siento que la fuerza
huye de repente.

Merodea el águila
ante los pájaros;
no tardará en volar bajo.

Los días pasan,
pero no son tristes
hasta que se recuerda lo perdido.

¿Será así la próxima estación,
esa parada que no se sabe
dónde se detiene?

¿De dónde viene esta nostalgia
que desde el cielo
se acuerda de lo vivido?

No veo como antes
ni comprendo las palabras
que yo mismo escribo.

Espejo en el agua
de una botella que bebí de golpe,
sed que permanece.

Se aleja el canto sin una razón
aparente; venía de un lugar
que creía olvidado.

Otras voces con el viento
se han adentrado en el bosque.
¿Adónde van sin luz,
en ese camino de la noche?

No es un largo túnel,
un sendero sin principio,
un comienzo nuevo
para un final amargo.

Osados, juntos, sin palabras
de aliento van desnudos.
¿Dejarán que perezca lo que vive
para seguir adelante?

¿Habrán sentido el temor
de los ciegos y los precavidos?
¿Visto su agua en el espejo?
¿El camino de la historia?

Ese lugar donde florece la planta
que crece durante meses
y que después muere.
¿Abrirán sus ojos?

El bosque de la memoria
limpio de rastrojos, sin cadáveres,
que aún no tiene nombre.
Que aún persiste y se comparte.

De este todo surge el árbol,
el estanque, el pez con escamas,
la noche que se asoma,
el cielo que enmarca sus aletas.

De este todo hermoso
si cierro los ojos,
claro y brillante si los abro,
que podría ser hasta tenebroso.

De este todo brillante como un espejo,
surge la exclamación repentina,
la voz que se confiesa
sin decir una palabra.

De este todo que contiene
un pasado, un presente,
el futuro incierto y la esperanza
que también es nada.

De este todo que respira
para que pasen los años,
de esta sangre que llega
y se derrama.

De esto todo que no puede ir
sin ti a ninguna parte,
de este decir que no se debe
y se confunde con la nada.

No vine a bañarme en el manantial
de los espejos falsos
en la soledad compartida.

Otros verán el pez
de las escamas gruesas, las extrañas aletas,
los ojos como cristales verdes.

Su brillo como el de la hierba
bajo el árbol de hojas marrones
en los espejos nuevos.

Podría decirles: paren, quédense,
salta y brilla en el agua,
sentirán la vida de otra manera junto al estanque.

Verán el tiempo de otra forma:
en los picos encorvados de los pájaros jóvenes,
encontrarán el oro de los dioses.

Pasaron los años sin haber nacido
y verán lo que no fueron: nido vacío
con un anillo de plata y otro de diamante.

SENTADOS ANTE LA LUNA SOBRE EL AGUA,
acaricio el cabello de plata.
Han pasado muchas horas
desde los días de la rama desnuda.

Pensé en el amor
que se enreda en el árbol
—sus raíces no salen fuera de la tierra—
de hojas secas.

Vi las plumas de los pájaros,
no pregunté adónde iban;
se sostienen en el aire,
vuelan en el cielo abierto.

Una mañana en que la mujer
caminaba sin prisa,
ante una dirección desconocida,
se detuvo el hombre.

Ya no somos esos niños:
envejecemos en el árbol inmenso
que abraza a quien vuelve
a los sueños perdidos.

¿Se van de verdad tan lejos?
Regresan con otras plumas las aves.
Los pájaros comparten su canto
con la luna aún sobre el estanque.

HE DE VOLVER
para reconocer el camino,
beber de la fuente y sentirme vivo.

Como el viento,
más fuerte que antes;
sentir el amor y no la muerte.

Sabes que estuve callado.
Fueron días en la casa del silencio,
horas sin poder dormir.

¿Me abrigarás cuando llegue?
¿Me esperarás como lo hacen
las personas que se quieren?

Aún tengo que decirte que te amo,
vivir dentro de la piel, regresar
a esa parte de los huesos que no hiere.

Caminar por la hierba,
recoger la hoja del suelo,
la humedad en el brillo de una vida.

Pero no para quedarme quieto
o tropezar con la misma piedra,
sino para seguir adelante.

He de mirarte a los ojos
y tocar el agua de tu rostro
con mis dedos.

Los mismos que te desnudaban
aun no estando juntos, los mismos
que escriben tu nombre.

Los mismos que juntan mis labios;
esos mismos que separas
para que hable.

ESA NECESIDAD DE ADENTRARSE
en las horas del bosque,
con su música y su eterna belleza.

Esa necesidad distinta de cada día:
hablar con quien no se ve,
con aquel que camina a nuestro lado.

Rezamos por el mundo, oramos
por los sueños, interrogamos al tiempo,
le preguntamos dónde está.

¿Dónde el lugar que nos espera?
No podemos llegar al sitio equivocado
ahora que somos libres

y viajamos con muy poco encima.
Esa necesidad de alargar el paso
y vivir desde el inicio hasta el final.

¿Para qué situarse en lugares
distintos de los que te pertenecen,
alejados de los que te hablan?

Los peces sin mar, el agua se evapora,
asciende a una ventana inmensa,
propia de los países sin riqueza.

Pero más allá de la desigualdad o de los privilegios,
la libertad nos une a la vida
que se dice honesta y bella.

Escribir de los sueños que nos atormentan,
describir el paisaje que nos envuelve,
decir lo que nos conmueve es necesario.

Si no lo hicieras, no serías un hombre.
Hoja caída en el mismo suelo,
rama desnuda serías del mismo libro.

La voz sale de una sima profunda.
Los pasos parten de esas sombras
que se dejan atrás y nos llaman.

En su sonido, antes de que se vaya,
en la transparencia de esa luz clara,
encuéntrame antes de que me calle.

¿Después del viento que se fue del bosque,
al que no vuelves desde hacía días,
es obligación o es renuncia?

El viaje es necesario: la maleta, los libros.
Pero aparece el recuerdo,
siempre el mismo.

El regreso: la casa iluminada,
la ropa lavada, la mesa puesta,
el gato dormido, la ventana abierta.

Hay poetas que cubren la tierra
con la hierba recién cortada.
Alguna teje un jersey grueso para que no coja frío.

Tú sientes la diferencia
en la profundidad del espejo.
Son palabras secas después de decirlas.

Como si se perdieran
o —aunque sabes que serán distintas—
volvieran para sentirse iguales.

Pero se escurren
en un poema que no tiene fin
y no se puede ocultar.

¿Por qué has tenido que acordarte,
dejar que pasaran tantos años,
sufrir tanto para ser libre?

Muchos fueron asesinados; otros,
golpeados; demasiados los torturados;
tantos que se enterraron sin un nombre.

No es necesario tatuar las heridas
en la piel desnuda; escribir de lo que pasó
o decirlas es suficiente.

He querido volver al hombre,
pero el hombre no ha querido nombrarme.
Nací sin saber qué iba a ser luego.

Lo que soy ahora o eso mismo
que, tras aprender a vivir cada segundo,
siento intensamente.

Quise volver a la casa de donde partí,
pero esta no quiso recibirme. ¿La razón?
Un animal distinto.

Las ramas crujen en el suelo,
los árboles han sido arrancados,
cortadas de un certero golpe las flores.

Pero no son para el fuego del hogar,
ni para hacer canoas o cubrir tejados
ni para ponerlas en las bocas de los fusiles.

He de volver al agua
que se aquieta en el instante; no debo enfadarme,
su brillo me calma.

El calor acecha, los Gobiernos se congelan,
el mundo se ha vuelto violento
y yo he de ser distinto.

Los padres no pueden proteger a sus hijas,
se lanzan los jóvenes al vacío,
las ventanas tienen los cristales rotos.

No puedo ser otro: espero a que el pez salte
y el poema traiga a mi corazón el aire,
que mi cuerpo respire con el tuyo.

Espero que puedas acompañarme,
que llegues al estanque
y escuches lo que te dice.

Que alguna vez te nombre, que te abra la puerta
para que veas lo que vivieron,
para que nunca lo olvides.

¿Qué queda de ese poema que intentó ser cuerpo
o de ese otro que quiso ser bosque,
mas sin adentrarse mucho?

¿Qué queda de esa voz que confundió
pensamiento con naturaleza? De esa otra
que habló de la nada, ¿queda algo?

¿Queda el aplauso? ¿Una frase?,
¿esa sensación en la piel
y que se cree parte del pasaje?

¿Queda el recuerdo de los que se fueron,
de los que murieron: el padre que no quiso volver,
la madre que dejó de hablar?

¿Queda la vida o es la muerte
que renace como lo hace una débil rama
en un árbol grande?

¿Queda el instante?
¿El pasaje de un cuadro
que se lleva de una parte a otra de la casa?

¿Queda la pintura sobre la pared,
el libro sobre la mesa? Y el poema, ¿dónde?,
¿en que lugar?, ¿en el corazón o en la mente?

¿Qué siente el cuerpo que quiso amar,
pero se olvidó de su verdad
solo porque no era benevolente?

¿El amor? Dicen que no es justo.
Que no saben del amor los enamorados.
Que no sabe el bosque del amor de los hombres.

¿Queda lo dicho o solo lo escrito?
¿Será que lo que se calló renace más tarde,
como ese corazón en un tronco enorme?

SON LOS DÍAS ACONTECIMIENTOS EXTRAORDINARIOS:
comienzan mal y se enderezan,
parecen luminosos y terminan sombríos.

También son singulares los meses:
alguno parece que no se quiere ir,
pero pasan muy rápido.

¿Qué decir de las horas?:
hojas de un árbol insólito,
pensamientos en ojos abiertos;

y ¿los años?: exóticos troncos
que se enredaron con el viento;
ramas sueltas aún del calendario.

Como el árbol que permanece,
en ti y en todos los sentidos,
junto a la hoja caída.

En todo momento. Como la raíz
que no se ve, pero tiembla.
Frágil porque se erosiona.

En los segundos: en una esquina,
en el centro; en un lado
o en otro; a las afueras, dentro.

En el tiempo:
días sucesivos, meses compartidos,
años trascurridos o venideros.

Con calor o frío, con lluvia o nieve,
en los andenes vacíos o llenos de gente.
En las estaciones.

Sé tú siempre,
no esperes nada,
desprendida, porque nada tienes.

Sed en las fuentes, traspasa los sentidos.
Que el mundo parezca vacío
es el precio.

ACEPTA EL PÁJARO COMO ES.
Acéptalo como viene: saltarín,
indeciso, receloso, libre.

Si yo fuera él, no confiaría en el hombre.
De rama en rama me posaría en la ventana,
no entraría adentro.

Acepta su recogimiento,
ese leve volar huidizo,
el regreso inesperado, acepta.

Acepta su silencio
como gustas de su silbido.
El canto en tu oído acepta.

Así de inocente
acepta sus nuevas plumas,
como vistieron las que caen.

Acepta el árbol que lo cobija,
la sombra que os comparte,
la hoja que cubre tu sexo.

Acepta el cuerpo,
la anatomía inesperada del sueño,
ese ser que te envuelve cuando naces.

Y acepta lo inevitable
como lo haces con la ausencia.
Acepta que un día llegue.

No hay más que aire,
tierra, viento, sol, sendero,
piedra, arbusto, ramo.

Ramo que recojo y te entrego
en la plaza vacía.
Piedra que pisó alguien.

Y que lanzo al mar,
ahí, arriba en el cielo,
nada más que belleza, aunque cae.

Nada más que tú y yo;
mis pensamientos que vuelven;
los tuyos que se deshacen.

Una rama caída:
la historia, la vida.
Y el resto, polvo, camino.
Nada que se recoge un día.

En la mirada,
en una gota asilada,
en una sombra fría,
en una caricia.

Esa necesidad
que nunca se muestra.
Al acecho, esa vida
que no llega.

Son las hojas
esparcidas en el suelo,
entre las piedras
eso que brilla.

Eso que va y vuelve,
mas nunca se disuelve.
Eso que parece sueño
y se descubre tarde.

PUEDO ENTRAR EN LA NOCHE,
pero no en ti.
Húmeda, liviana,
la sombra te cubre.

En el árbol y en la arena,
en el suelo y la tierra;
presente roto,
pasado resquebrajado.

Puedo en el sueño
encender la luz de la noche,
pero no debo acercarme a tu espejo
ni sumergirme en las tinieblas.

De qué me sirve
traspasar las calles a diario
si no puedo convencerte
de que estoy a tu lado.

Ni el dios más humilde
tiene esta inexistencia.
Ni el deseo más fuerte
podría superar esta prueba.

¿Para qué irse con lo ido
o volver a lo que fue
si no puedo avanzar en mis plegarias,
si no me crees?

La transparencia del agua
brilla con la tierra.
No puedo entrar sin saber
que me necesitas.

ESCOGER, PERO NO ENTRE
estar o ser o aparentar
o huir o entrar o encontrarse.

Escoger entre un canto y otro.
Por ejemplo, el del mirlo
o el del jilguero, entre un tono y otro.

Por ejemplo, el de la oscuridad,
no tan negro, o el de la luz
que la corteza dibuja.

Escoger en un cruce de caminos:
ir a la ciudad o regresar al bosque,
subir a la cumbre, descender al valle.

Escoger entre el amor y el deseo.
Entre ser feliz o seguir como antes.
Por ejemplo, ante la niebla.

Por ejemplo, ante la incertidumbre.
Escoger entre la rama o el suelo.
Por ejemplo, mi amor; por ejemplo, tu cuerpo.

Escoger entre uno y otro
o frente a todos esos que son los demás.
Escoge entre ser libre o ser esclavo.

LOS OJOS DEL HOMBRE
y de la mujer
en la superficie del agua.

Transparencia repentina,
invisible vela que cuida
la superficie del universo.

Caída de las hojas navegantes,
nenúfares del atardecer
que un día será pantano.

Lo que no vieron fue al pez brillante.
Saltó ante unos ojos
que no eran los suyos.

Cada día lo que no se ha visto
y aún del tiempo desprendido
no se sabe.

Cada mañana,
lo que no se ve en un principio,
hallar lo que se cree que no existe.

Sin agua, la vida
sin apurar el último sorbo:
lugares que salen al paso.

Cada noche hasta que oscurezca,
cada tarde hasta que se esfuma,
cada espera hasta que llegue.

No sigas conmigo,
nunca tendré tu anillo
a solas con mi brillo.

Para que no me ahogue vendrá,
lo hará para que esté solo
y siga adelante.

No sirve saber
lo que otros no supieron;
es terrible ser siempre el mismo.

Vendrá humilde
y me dejará en paz, será
el último testigo de mi declive.

Vivo, pero como muerto,
muero como si estuviera vivo,
solo y sin exilio.

Pez en la oscuridad de la mente,
navegante sin un río,
quietud en el estanque.

La hora en el aire,
la verdad en tu mano,
la lástima contigo.

Sɪ ʟᴀ ᴘᴀᴢ ᴅᴇʟ ᴍᴜɴᴅᴏ
dependiera de la quietud de este estanque,
no habría paz ni sería mundo.

El agua parece inmóvil,
pero se mueve. Si dependiera,
no habría tranquilidad ni estaría en calma.

No habría regreso ni viaje.
Ni amor ni deseo, única hora
que se congela en el instante.

¿Una última palabra?
¿Un poema más que cuente
lo que hicieron?

Si dependiera, no habría mar ni río.
Abismos oscuros, nudos del pensamiento,
espera que contiene el destino y no le importa.

Si fuera así, si fuera más que eso,
si fuera distinto o, incluso, igual a todo,
no sería ni tuyo ni mío.

AGRADEZCO A LAS GOTAS
que mojan los pasos,
a la lluvia que nos cubre.

El sendero luminoso
de una brisa
que nos contiene a solas.

Agradezco el cielo,
la tierra que nos mantiene
al suelo para que no resbale.

Miro la hoja del árbol,
al humo que surge a lo lejos,
agradezco lo que no sé y se quema.

Agradezco el aturdimiento
de un tiempo descalzo
para estar vivo.

El canto dentro del viento:
como papel o memoria
la pared que se resquebraja.

Agradezco lo que he perdido,
lo que he amado,
lo que no ha sido.

Su presencia,
el salto del pez
en la mano infinita del sueño.

Agradezco el milagro,
agradezco su primer día,
agradezco el último mío.

Que aún estoy despierto.
Que aún tengo tiempo.
Agradezco.

ÍNDICE